BEI GRIN MACHT SICH IHR WISSEN BEZAHLT

AF144728

- Wir veröffentlichen Ihre Hausarbeit,
  Bachelor- und Masterarbeit

- Ihr eigenes eBook und Buch -
  weltweit in allen wichtigen Shops

- Verdienen Sie an jedem Verkauf

Jetzt bei www.GRIN.com hochladen
und kostenlos publizieren

GRIN ☺

Bibliografische Information der Deutschen Nationalbibliothek:

Die Deutsche Bibliothek verzeichnet diese Publikation in der Deutschen National-
bibliografie; detaillierte bibliografische Daten sind im Internet über http://dnb.d-
nb.de/ abrufbar.

Impressum:

Copyright © 2015 GRIN Verlag, Open Publishing GmbH
Druck und Bindung: Books on Demand GmbH, Norderstedt Germany
ISBN: 9783668401365

Dieses Buch bei GRIN:

http://www.grin.com/de/e-book/353802/trainingsplanung-beweglichkeits-und-
koordinationstraining

Suzana Stepanovic

Trainingsplanung Beweglichkeits- und Koordinationstraining

GRIN Verlag

Deutsche Hochschule für

Prävention und Gesundheitsmanagement

Hermann Neuberger Sportschule 3

66123 Saarbrücken

Einsendeaufgabe

Fachmodul: Trainingslehre III

Studiengang: Bachelor of Arts - Gesundheitsmanagement

Datum
Präsenzphase: 28.09.2015 bis 30.09.2015

Name, Vorname: Stepanovic, Suzana

Studienort: **München**

Semester: **Wintersemester 2013**

Inhaltsverzeichnis

1 Personendaten

Tab. 1: allgemeine Daten (eigene Darstellung)

Alter	46 Jahre
Geschlecht	Männlich
Körpergröße	1,84 m
Körpergewicht	85 kg
Trainingsmotive	- Steigerung der Beweglichkeit und der Koordination im Fußballtraining - Rückenverspannungen beseitigen
berufliche Tätigkeit	Fliesenleger
aktuelle sportliche Aktivitäten (inkl. Trainingsumfang und Leistungsstufe)	Fußball Trainingsumfang: 2 mal pro Woche Leistungsstufe: Geübter
frühere sportliche Aktivitäten (inkl. Trainingsumfang und Leistungsstufe)	Als 10-jähriger bis 16-jähriger: Reiten Trainingsumfang: 3 mal pro Woche je 120 Minuten Leistungsstufe: Leistungstrainierender Als 20-jähriger bis 24-jähriger: Handball Trainingsumfang: 2 mal pro Woche 90 Minuten Leistungsstufe: Fortgeschrittener
zeitlicher Verfügbarkeitsrahmen	4 mal pro Woche 1 Stunde

Tab. 2: Daten über den allgemeinen Gesundheitszustand (eigene Darstellung)

Allgemeiner Gesundheitszustand	Werte der Person	Bewertung der Belastbarkeit bzw. Trainierbarkeit der Person
orthopädische Probleme	Rückenverspannungen seit ca. 6 Jahren	Die orthopädischen Probleme ergeben, dass keine Einschränkungen bezüglich der Belastbarkeit und Trainierbarkeit vorliegen.
internistische Probleme	Blutdruck liegt bei 133/87 mmHg	Nach der Blutdruckklassifikation der American Heart Association ist der Blutdruck hochnormal, also im Normotoniebereich, welcher bei < 130/80 mmHg liegt.

Allgemeiner Gesundheitszustand	Werte der Person	Bewertung der Belastbarkeit bzw. Trainierbarkeit der Person
ärztliche Behandlungen/Medikamente/sonstige gesundheitliche Einschränkungen	keine	keine

2 Beweglichkeitstestung

Im Folgenden wird mit meinem Kunden ein manueller Beweglichkeitstest durchgeführt. Bei diesem Test werden der M. pectoralis major, M. iliopsoas, M. rectus femoris, Mm. ischiocrurales und der Mm. triceps surae gemessen.

2.1 Testung und Auswertung der Brustmuskulatur (M. pectoralis major)

Der Proband legt sich in Rückenlage auf eine Behandlungsliege. Seine Beine winkelt er zur Beckenfixierung an und seine Füße haben Kontakt mit der Auflagefläche. Durch einen leichten Zug mit der Hand – in diagonaler Richtung von der zu testenden Seite weg - fixiert der Tester den Thorax. Der zu testende Arm wird im Schultergelenk abduziert und außenorientiert. Zudem muss ein 90°-Beugewinkel im Ellenbogengelenk vorhanden sein. Als Messbereich gilt, wenn die Position des Oberarmes zur Horizontalen steht. Damit das Testergebnis nicht verfälscht wird, ist explizit darauf zu achten, dass er das Becken nicht anhebt und es zu keiner Hyperlordose in der Lendenwirbelsäule kommt (Janda, 2000, S. 270).

Tab. 3: Testauswertung (Janda, 2000, S. 271) (eigene Darstellung)

Stufe 0	Keine Beweglichkeitsdefizite	Der Oberarm erreicht die Horizontale. Mit Hilfe eines leichten Drucks des Testers kann der Oberarm unter die Horizontale bewegt werden.

Stufe 1	Leichte Beweglich-keitsdefizite	Der Oberarm erreicht die Horizontale nicht. Mit Hilfe eines leichten Drucks des Testers kann der Oberarm bis zur Horizontale bewegt werden.
Stufe 2	Deutliche Beweg-lichkeitsdefizite	Der Oberarm erreicht die Horizontale auch mit Hilfe des Drucks durch den Tester nicht.

2.2 Testung und Auswertung der Hüftbeugemuskulatur (speziell M. iliopsoas)

Der Proband legt sich in Rückenlage auf eine Behandlungsliege. Das Gesäß muss mit dem Rand der Liege abschließen. Ein Bein ist angewinkelt und das Andere ist im Übergang. Das angewinkelte Bein zieht der Proband maximal weit zum Körper heran. Der Tester kontrolliert die Hüftflexion des freien Beines. Als Messbereich gilt, wenn die Position des Oberschenkels im Verhältnis zur Körperlängsachse (Hüftbeugewinkel) steht. Damit das Testergebnis nicht verfälscht wird, ist besonders darauf zu achten, dass das Becken und die Lendenwirbelsäule fixiert bleiben (Janda, 2000, S. 258).

Tab. 4: Testauswertung (Janda, 2000, S. 259) (eigene Darstellung)

Stufe 0	Keine Beweglich-keitsdefizite	Der Oberschenkel erreicht die Horizontale. Mit Hilfe eines leichten Drucks des Testers kann der Oberschenkel unter die Horizontale bewegt werden.
Stufe 1	Leichte Beweg-lichkeitsdefizite	Eine leichte Hüftbeugestellung. Mit Hilfe eines leichten Drucks des Testers kann der Oberschenkel bis zur Horizontale bewegt werden.
Stufe 2	Deutliche Beweg-lichkeitsdefizite	Der Oberschenkel erreicht die Horizontale auch mit Hilfe des Drucks durch den Tester nicht.

2.3 Testung und Auswertung der Kniestreckmuskulatur (speziell M. rectus femoris)

Der Proband legt sich mit seinem Rücken auf die Behandlungsliege. Dabei muss das Gesäß mit dem Rand der Liege abschließen. Beide Beine sind im Übergang. Der Proband zieht ein Bein maximal weit zum Körper an, dabei muss das Bein angewinkelt sein. Das andere Bein fixiert der Tester im maximal möglichen Hüftextensionswinkel. Dann wird dieses Bein in einen maximal möglichen Kniebeugewinkel durch den Tester geführt. Der Winkel zwischen Oberschenkel und Unterschenkel (Kniebeugewinkel) gilt als Messbereich. Die Fixierung des Beckens und der Lendenwirbelsäule ist hierbei sehr wichtig (Janda, 2000, S. 258).

Tab. 5: Testauswertung (Janda, 2000, S. 259) (eigene Darstellung)

Stufe 0	Keine Beweglich-keitsdefizite	Der Unterschenkel hängt senkrecht herab. Mit Hilfe eines leichten Drucks des Testers kann die Kniebeugung vergrößert werden.
Stufe 1	Leichte Beweg-lichkeitsdefizite	Der Unterschenkel ist leicht nach vorne gestreckt. Mit Hilfe eines leichten Drucks des Testers kann ein 90° Kniebeugewinkel erreicht werden.
Stufe 2	Deutliche Beweg-lichkeitsdefizite	Der Unterschenkel ist leicht nach vorne gestreckt. Ein 90° Kniebeugewinkel kann auch mit Hilfe des Drucks durch den Tester nicht erreicht werden.

2.4 Testung und Auswertung der Kniebeugemuskulatur (Mm. ischiocrurales)

Der Proband legt sich in Rückenlage auf eine Behandlungsliege. Das Bein, welches nicht getestet wird, ist im Hüftgelenk und Kniegelenk gebeugt. Das zu testende Bein wird bei gestrecktem Kniegelenk von dem Tester in die maximal mögliche Hüftflexion geführt. Der Winkel zwischen Beinachse und Longitudinalachse (Hüftbeugewinkel) gilt als Messbereich. Wichtig bei der Ausführung ist, dass das Becken nicht angehoben wird und es zu keiner Hyperlordose in der Lendenwirbelsäule kommen darf. Zudem muss das Testbein gestreckt bleiben, während das Andere in der Ausgangsposition bleiben muss (Janda, 2000, S. 261).

Tab. 6: Testauswertung (Janda, 2000, S. 262) (eigene Darstellung)

Stufe 0	Keine Beweglich-keitsdefizite	Die Flexion im Hüftgelenk ist im Ausmaß von 90° möglich.
Stufe 1	Leichte Beweg-lichkeitsdefizite	Die Flexion im Hüftgelenk ist zwischen 80° bis 90° möglich.
Stufe 2	Deutliche Beweg-lichkeitsdefizite	Die Flexion im Hüftgelenk ist nur unter 80° möglich.

2.5 Testung und Auswertung der Wadenmuskulatur (Mm. triceps surae)

Der Proband legt sich mit dem Rücken auf eine Behandlungsliege. Das zu testende Bein ist gestreckt und die distale Hälfte des Unterschenkels ragt über die Behandlungsliege hinaus. Das andere Bein steht gebeugt mit dem Fuß auf der Unterlage. Der Tester greift mit seiner Hand das Bein distal am Fersenbein. Mit der anderen Hand greift er den Fuß von der Fußaußenkante her, übt einen Hauptzug an der Ferse aus und zeigt distalwärts. Währenddessen lenkt der Daumen der anderen Hand den Vorfuß mit leichtem achsengerechtem Druck zum Schienbein hin. Wenn der M. soleus getestet werden soll, muss nach dem Erreichen der maximalen Dorsalextension das Kniegelenk gebeugt werden und der Tester kann so das Bewegungsausmaß vergrößern. Somit kann die Auswertung des Tests nach M. gastrocnemius und M. soleus erfolgen (Janda, 2000, S. 255).

Tab. 7: Testauswertung (Janda, 2000, S. 255) (eigene Darstellung)

Stufe 0	Keine Beweglich-keitsdefizite	Eine Dorsalextension ist mindestens bis zur 0°-Stellung möglich (90° zwischen Fuß und Unterschenkel)
Stufe 1	Leichte Beweg-lichkeitsdefizite	Die 0°-Stellung wird nicht erreicht. Eine Dorsalextension ist dennoch möglich.
Stufe 2	Deutliche Beweg-lichkeitsdefizite	Eine Dorsalextension ist nur bis 10° unterhalb der 0°-Stellung möglich.

2.6 Bewertung und Interpretation der Testergebnisse

Tab. 8: Bewertung und Interpretation der Testergebnisse des Probanden (eigene Darstellung)

Testübung	Ergebnis rechts	Ergebnis links	Bewertung der Ergebnisse
Brustmuskula-tur (M. pecto-ralis major)	Stufe 1	Stufe 1	Es sind beidseitig Defizite zu erkennen, welche auf seine Schulterverspannungen zurückzuführen sind. Daher soll er regelmäßig ein Beweglichkeitstraining durchführen, um seine Verspannungen zu lösen.
Hüftbeuge-muskel (speziell M. iliop-soas)	Stufe 0	Stufe 0	Es liegt beidseitig kein Beweglichkeitsdefizit vor.

Testübung	Ergebnis rechts	Ergebnis links	Bewertung der Ergebnisse
Kniestreck-muskulatur (speziell M. rectus femoris)	Stufe 0	Stufe 1	Nur auf der linken Seite ist ein leichtes Beweglichkeitsdefizit festzustellen. Dies liegt möglicherweise am Fußballtraining, da hier kein Dehntraining durchgeführt wird. Damit er kein Defizit mehr hat, soll er seine Kniestreckmuskulatur regemäßig dehnen.
Kniebeuge-muskulatur (Mm. ischio-crurales)	Stufe 2	Stufe 1	Hier ist beidseitig ein Defizit zu erkennen – rechts deutlicher als links. Dies ist auch auf das Fußballtraining zurückzuführen. Deshalb muss hier dringend ein Beweglichkeitstraining stattfinden.
Wadenmusku-latur (Mm. triceps surae)	Stufe 0	Stufe 0	In der Wadenmuskulatur sind beidseitig keine Beweglichkeitseinschränkungen festzustellen.

3 Trainingsplanung Beweglichkeitstraining

3.1 Trainingsplanung eines Dehntrainings

Im Folgenden sind Übungen für ein Beweglichkeitstraining im Sinne eines Dehntrainings dargestellt. Alle zehn Übungen werden vier Mal pro Woche durchgeführt.

Tab. 9: Darstellung des Dehnprogramms (eigene Darstellung)

Übungen	Dehnübung	anvisierte Zielmuskulatur	Dehnmethode	Belastungsgefüge
Übung 1	Dehnung des Kniestreckers im Stehen	M. quadriceps femoris	passiv-statisch	- 3 Sätze - Dehndauer: 30 Sekunden - Intensität: Maximal
Übung 2	Dehnung des Kniebeugers im Sitzen	M. biceps femoris, M. semimembranosus, M.semitendinosus, M. gastrocnemius, M. gluteus maximus	postisometrisch	- 4 mal pro Woche - 3 Sätze - Dehndauer: 60 Sekunden - Intensität: Maximal

Übungen	Dehnübung	anvisierte Zielmuskulatur	Dehnmethode	Belastungsgefüge
Übung 3	Dehnung der Wadenmuskulatur im Stehen	M. gastrocnemius, M. plantaris, M. tibialis posterior, M. flexor hallucis longus, M. peronaeus brevis, M. peronaeus longus	passiv-statisch	- 4 mal pro Woche - 2 Sätze - Dehndauer: 40 Sekunden - Intensität: Maximal
Übung 4	Dehnung der Adduktoren im Sitzen	M. adductor longus, M. adductor brevis, M. adductor magnus, M. pectineus, M. gracilis	passiv-statisch	- 4 mal pro Woche - 2 Sätze - Dehndauer: 40 Sekunden - Intensität: Maximal
Übung 5	Dehnung der Hüftbeuger im Knien	M. rectus femoris, M. vastus lateralis, M. sartorius, M. iliacus, M. psoas major	passiv-statisch	- 4 mal pro Woche - 2 Sätze - Dehndauer: 40 Sekunden - Intensität: maximal
Übung 6	Dehnung der Gesäßmuskulatur im Liegen	M. gluteus maximus, M. gluteus medius, M. gluteus minimus	passiv-statisch	- 4 mal pro Woche - 2 Sätze - Dehndauer: 30 Sekunden - Intensität: Maximal
Übung 7	Dehnung des Rückenstreckers im Knien	M. longissimus cervicis, M. longissimus thoracis, M. splenius cervicis, M. spinalis thoracis, M. semispinalis thoracis	aktiv-dynamisch	- 4 mal pro Woche - 3 Sätze - Dehndauer: 40 Sekunden - Intensität: maximal
Übung 8	Dehnung der schrägen Bauchmuskulatur im Liegen	M. transversus abdominis, M. obliquus internus, M. obliquus externus	passiv-dynamisch	- 4 mal pro Woche - 3 Sätze - Dehndauer: 30 Sekunden - Intensität: maximal
Übungen	Dehnübung	anvisierte Zielmuskulatur	Dehnmethode	Belastungsgefüge

Übung 9	Dehnung der Brustmuskulatur im Stehen	M. pectoralis major, M. deltoideus pars clavicularis	aktiv-dyna-misch	- 4 mal pro Woche - 2 Sätze - Dehndauer: 50 Sekunden - Intensität: maximal
Übung 10	Dehnung der Schultermuskulatur im Stehen	M. deltoideus, M. teres minor, M. trapezius	passiv-statisch	- 4 mal pro Woche - 2 Sätze - Dehndauer: 40 Sekunden - Intensität: maximal

3.2 Beschreibung des Dehnprogramms

Übung 1: Kniestrecker

Der Proband stellt sich für diese Übung auf ein Bein. Das andere Bein wir mit Hilfe des Arms nach hinten Richtung Gesäß hochgezogen. Das Knie zeigt dabei zum Boden. Wichtig ist hierbei, dass die Knie eng zusammengehalten werden. Zum Schluss wird das Becken nach vorne geschoben. Diese Position wird passiv-statisch 30 Sekunden lang maximal gehalten. Dann erfolgt ein Seitenwechsel.

Übung 2: Kniebeuger

Bei dieser Dehnübung setzt sich der Proband auf den Boden. Ein Bein wird ausgestreckt und senkrecht gehalten. Das andere Bein wird angewinkelt an das gestreckte Bein gelegt. Die Fußspitzen des ausgestreckten Beines werden in Richtung Knie herangezogen. Die Hände greifen die Fußspitzen und ziehen mit maximaler Intensität für zehn Sekunden Richtung Knie. Nun erfolgt eine Pause von drei Sekunden. Nach der Entspannung zieht der Proband seine Zehenspitzen an und beugt seinen Oberkörper nach unten in Richtung Oberschenkel um die Dehnung zu verstärken. Die maximale Dehnposition wird nun 20 Sekunden gehalten. Diese Prozedur wird zwei Mal pro Seite wiederholt.

Übung 3: Wadenmuskulatur

Der Proband stellt sich aufrecht hin. Ein Bein geht einen Schritt zurück. Beide Füße bleiben während der Übung fest auf dem Boden und zeigen nach vorne. Das Knie des vorderen Beins wird so weit gebeugt, bis man eine Dehnung in der Wade des hinteren Beins spürt. Wenn der maximale Dehnungspunkt erreicht ist, wird hier 40 Sekunden gehalten und dann das Bein gewechselt.

Übung 4: Adduktoren

Um die Adduktoren zu dehnen, setzt sich der Proband zunächst mit angewinkelten Beinen hin. Dann zieht er die Füße maximal zum Schoß heran. Dabei berühren sich beide Fußsohlen und die Knie fallen nach außen. Die Hände greifen in die Füße (am besten mit den Daumen unter das Grundgelenk). Bei dieser Übung ist eine gerade Haltung wichtig. Dafür drückt man das Brustbein nach vorne. Um eine stärkere Dehnung zu erreichen drückt man die Knie mit Hilfe der Ellenbogen nach unten. In dieser maximalen Dehnposition verharrt man 40 Sekunden. Die Übung wird hier passiv-statisch durchgeführt.

Übung 5: Hüftbeuger

Um den Hüftbeuger zu dehnen, kniet sich der Proband zunächst hin. Dann stellt er ein Bein auf. Das Andere bleibt kniend auf dem Boden. Um die Dehnung zu intensivieren, wird das Becken immer weiter nach vorne geschoben und aufgerichtet. Der Oberkörper bleibt dabei immer aufrecht. In der knienden Stellung bleibt man 40 Sekunden, dann wird das Bein gewechselt. Diese Übung erfolgt passiv-statisch.

Übung 6: Gesäßmuskulatur

Zunächst legt sich der Proband auf den Rücken. Ein Bein hebt er im 90°-Winkel im Kniegelenk in der Luft. Das andere Bein legt sich über das Angewinkelte, sodass Dieses auf dem Oberschenkel quer liegt. Nun umfassen beide Hände die Kniekehle des Beines, auf dem der andere Fuß liegt. Jetzt wird das Bein zum Körper herangezogen. Je stärker man zieht, desto stärker ist die Dehnung. In dieser maximalen Dehnposition bleibt man 30 Sekunden lang liegen. Dann erfolgt ein Seitenwechsel der Beine.

Übung 7: Rückenstrecker

Um den Rückenstrecker zu dehnen, begibt sich der Proband in einen Vierfüßlerstand, sodass sein Gewicht auf den Schultern und der Hüfte gleichmäßig verteilt ist. Nun wird der Rücken nach oben gerundet und es entsteht der sog. Katzenbuckel. In dieser Position blickt der Proband in Richtung Boden, da er seinen Kopf senken muss. Diese Stellung wird kurz gehalten, dann wird der Rücken wieder gesenkt. Dabei schaut er mit dem Kopf geradeaus. Da diese Positionen im Wechsel stattfinden, ist diese Übung dynamisch. Sie wird 40 Sekunden durchgeführt.

Übung 8: schräge Bauchmuskeln

Der Proband legt sich auf den Rücken. Seine Arme streckt er im 90°-Winkel vom Körper weg. Seine Beine stellt er in einem 90°-Winkel zum Hüft- und Kniegelenk auf. Ober- und Unterschenkel berühren sich hierbei und werden dann auf einer Seite zum Boden abgelegt. Die Schulterblätter bleiben auf dem Boden. Diese Position wird kurz gehalten und dann wieder zur anderen Seite gewechselt. Die Übung erfolgt also dynamisch und für 30 Sekunden.

Übung 9: Brustmuskulatur

Man stellt sich aufrecht auf beide Beine. Die Arme werden angehoben bis sie eine Waagerechte ergeben und gebeugt sind. Die Handflächen sind geöffnet. Nun zieht man beide Arme maximal nach hinten, bis eine Dehnung in der Brust zu spüren ist. Anschließend bewegt man die Arme wieder ein Stück nach vorne. Beide Positionen finden im ständigen Wechsel statt, da diese Übung dynamisch verläuft. Sie wird 50 Sekunden durchgeführt. Nach einer kurzen Pause wird die Prozedur wiederholt.

Übung 10: Schultermuskulatur

Diese Übung wird im Stand durchgeführt. Ein Arm wird waagerecht vor die Brust gehalten. Der andere Arm greift ihn im Ellenbogen und zieht ihn an die Brust. Der Ellenbogen zeigt hier nach vorne in Richtung Blickwinkel. Die Hand liegt dabei auf der Schulter, die nicht gedehnt wird. Diese Position wird für 40 Sekunden gehalten und dann gewechselt. Da der andere Arm bei der Dehnung behilflich ist, wird diese Übung passiv-statisch trainiert.

3.3 Begründung des Dehnprogramms

Mein Klient möchte seine Beweglichkeit steigern um effektiver Fußball spielen zu können. Der Beweglichkeitstest zeigte bei ihm deutliche Beweglichkeitsdefizite in der Kniebeugemuskulatur. Aus diesem Grund wird in seinem Dehnprogramm mit den Beinen begonnen. Es werden Kniestrecker, Kniebeuger, Wadenmuskulatur, Adduktoren, Hüftbeuger und Gesäßmuskulatur trainiert. Sechs von zehn Dehnübungen sind gewählt um seinen Unterkörper zu trainieren. Die Dehnmethode wurde für die meisten Übungen statisch gewählt, da die Bewegungen hier sehr kontrolliert ablaufen (Schäfer, 2013) und er sich somit intensiver auf die Dehnung konzentrieren kann. Denn wenn seine Beine beweglicher werden, wirkt sich das leistungssteigernd auf seine Spielqualität aus. Denn

eine gut ausgeprägte Beweglichkeit wirkt sich positiv auf andere physische Leistungs-
faktoren, wie z. B. die Kraft und die Schnelligkeit, aus (Weineck, 2004, S. 489). Da er
zusätzlich zum Fußball seine Rückenverspannungen lösen will, dehnt er Schultermuskulatur, Brustmuskulatur, Rückenstrecker und Bauchmuskulatur. Seine Verspannungen
sind hauptsächlich auf seine Arbeit zurückzuführen. „Beim Fliesenleger geht es vor
allem um Arbeiten im Knien, im Hocken und im Bücken, manchmal auch um Arbeiten
über Kopf" (Arbeitsmedizinisch-Sicherheitstechnischer Dienst, 2014, S. 7). Aus den
Bewegungen in seiner Arbeit lässt sich erschließen, dass ein Kraftdefizit in Schulter,
Brust, Rücken und Bauch besteht. Um einen Ausgleich zur Arbeit zu schaffen, wurden
die oben genannten Übungen ausgewählt, die er regelmäßig ausüben muss, damit sich
seine Verspannungen lösen und er belastbarer werden kann. Denn Kraft und Beweglichkeit beeinflussen sich wechselseitig (Schnurr, 2005, S. 64).

4 Trainingsplanung Koordinationstraining

4.1 Trainingsplanung eines Gleichgewichttrainings

In Tabelle 10 sind zehn Übungen zur Schulung des Gleichgewichts dargestellt. Alle
Übungen müssen im ausgeruhten Zustand ausgeübt werden und finden drei Mal pro
Woche statt.

Tab. 10: Darstellung des Gleichgewichtstrainings (eigene Darstellung)

Übung	Gleichgewichtsübung	Belastungsgefüge
1	Linienstand mit offenen Augen	- Sätze: 2 - Satzpausen: 10 Sekunden - Belastungsdauer: 30 Sekunden
2	Linienstand mit geschlos-senen Augen	- Sätze: 2 - Satzpausen: 10 Sekunden Belastungsdauer: 30 Sekunden
Übung	Gleichgewichtsübung	Belastungsgefüge
3	Balancieren mit offenen Augen	- Sätze: 2 - Satzpausen: 15 Sekunden - Belastungsweite: 5 m

4	Balancieren mit geschlossenen Augen	- Sätze: 2 - Satzpausen: 15 Sekunden - Belastungsweite: 5 m
5	Beidbeiniger Stand mit offenen Augen auf dem Balance-Pad	- Sätze: 2 - Satzpausen: 10 Sekunden - Belastungsdauer: 30 Sekunden
6	Beidbeiniger Stand mit geschlossenen Augen auf dem Balance-Pad	- Sätze: 2 - Satzpausen: 10 Sekunden - Belastungsdauer: 30 Sekunden
7	Einbeiniger Stand mit offenen Augen auf dem Balance-Pad	- Sätze: 2 - Satzpausen: 15 Sekunden - Belastungsdauer: 30 Sekunden
8	Einbeiniger Stand mit geschlossenen Augen auf dem Balance-Pad	- Sätze: 2 - Satzpausen: 15 Sekunden - Belastungsdauer: 30 Sekunden
9	Einbeiniger Stand mit Verlagerung des Spielbeins und des Oberkörpers in die Horizontale auf dem Balance-Pad	- Sätze: 2 - Satzpausen: 20 Sekunden - Belastungsdauer: 30 Sekunden
10	Einbeiniger Stand mit Ballrollen um dem Rumpf auf dem Balance-Pad	- Sätze: 2 - Satzpausen: 20 Sekunden - Belastungsdauer: 30 Sekunden

4.2 Beschreibung des Gleichgewichtstrainings

Übung 1: Linienstand mit offenen Augen

Die erste Übung beginnt mit einem Linienstand. Dazu stellt der Proband einen Fuß vor den Anderen. Dabei berührt die Ferse des vorderen Fußes die Fußspitzen des Hinteren. Seine Arme streckt er dabei nach vorne aus. Diese Position muss nun 30 Sekunden lang gehalten werden. Anschließend erfolgt eine Pause von 10 Sekunden. Dann wird das Bein gewechselt.

Übung 2: Linienstand mit geschlossenen Augen

Die zweite Übung erfolgt in derselben Weise wie die Erste. Der einzige Unterschied dabei ist, dass er nun die Augen schließen muss. In dieser Position verharrt er ebenso 30 Sekunden. Nach der Pause wechselt er das Bein.

Übung 3: Balancieren mit offenen Augen

Bei dieser Übung balanciert der Proband auf einer Linie, die mindestens fünf Meter lang ist. Zwei Runden muss er auf der Linie balancieren, mit einer 15-sekündigen Pause zwischen jeder Runde.

Übung 4: Balancieren mit geschlossenen Augen

Diese Übung wird in der gleichen Weise wie Übung 3 durchgeführt. Der Unterschied sind hierbei die geschlossenen Augen. Er muss mindestens fünf Meter balancieren. Dies durchläuft er zwei Mal. Zwischen den Runden erfolgt eine Pause von 15 Sekunden.

Übung 5: Beidbeiniger Stand mit offenen Augen auf dem Balance-Pad

Hierzu stellt sich der Proband mit beiden Beinen auf das Balance-Pad und versucht sein Gleichgewicht zu halten. Wenn er dies 30 Sekunden lang geschafft hat, erfolgt eine Pause von 10 Sekunden.

Übung 6: Beidbeiniger Stand mit geschlossenen Augen auf dem Balance-Pad

Übung 6 ist mit Übung 5 gleichgestellt. Der einzige Unterschied sind hier die geschlossenen Augen. Nach 30 Sekunden erfolgt eine kurze Pause.

Übung 7: Einbeiniger Stand mit offenen Augen auf dem Balance-Pad

Bei dieser Übung stellt sich der Proband jetzt mit nur einem Bein auf das Balance-Pad. In dieser Stellung bleibt er 30 Sekunden. Nach der 15-sekündigen Pause erfolgt ein Seitenwechsel.

Übung 8: Einbeiniger Stand mit geschlossenen Augen auf dem Balance-Pad

Übung 8 wird gleichermaßen wie Übung 7 durchgeführt. Der Unterschied ist, dass hier seine Augen geschlossen bleiben. Die Stellung wird ebenfalls 30 Sekunden lang gehalten. Nach der kurzen Pause wechselt er das Bein.

Übung 9: Einbeiniger Stand mit Verlagerung des Spielbeins und des Oberkörpers in die Horizontale auf dem Balance-Pad

Die Ausführung dieser Übung erfolgt wieder auf dem Balance-Pad. Hierzu stellt er sich auf ein Bein und Verlagert das Spielbein und den Oberkörper in die Horizontale. Mein Proband muss dazu sein Bein nach hinten ausstrecken. Dabei beugt sich der Oberkörper nach vorne bis das Bein mit dem Oberkörper eine horizontale Linie bildet. Um leichter das Gleichgewicht zu halten, können die Arme zur Seite ausgestreckt werden. In dieser Position verharrt er 30 Sekunden. Dann wird eine Pause von 20 Sekunden eingelegt und anschließend die Seite gewechselt.

Übung 10: Einbeiniger Stand mit Ballrollen um den Rumpf auf dem Balance-Pad
Diese letzte Übung wird wieder einbeinig auf dem Balance-Pad durchgeführt. Zusätzliche Komponente ist hier der Ball. Dieser muss im Einbeinstand 30 Sekunden lang um den Rumpf gedreht werden. Nach einer Pause von 20 Sekunden wird das Bein gewechselt.

4.3 Begründung des Gleichgewichtsprogramms

Bei diesem Koordinationstrainingsprogramm geht man verstärkt auf die Beine ein. Bei meinem Klienten ist dies sehr wichtig, zumal er Fußballspieler ist und hier seine Beine im Mittelpunkt stehen. Da er beim Schießen nur auf einem Bein steht, muss er es üben, sein Gleichgewicht zu halten. Deshalb sind in diesem Programm verstärk einbeinige Übungen enthalten. Um das statische Gleichgewicht zu trainieren, wird mit einem Linienstand mit offenen und geschlossenen Augen begonnen. Anschließend wird das dynamische Gleichgewicht geübt, indem er erst mit offenen und dann mit geschlossenen Augen balanciert. Damit er lernt sein Gleichgewicht unter schwereren Bedingungen zu halten, ist das Balance-Pad in seinem Programm. Auf einem Balance-Pad herrschen variable Druckbedingungen, die es einem erschweren, seine motorischen Fähigkeiten zu kontrollieren. Der Proband hält sein Gleichgewicht auf dem Pad zunächst mit beiden Beinen – erst mit offenen Augen, dann mit Geschlossenen. Denn bevor er sich einbeinig darauf stellt, muss er üben, stabil auf beiden Beinen zu stehen. Es ist hier also deutlich zu erkennen, dass alle Übungen aufeinander aufbauen und er somit sein statisches und dynamisches Gleichgewicht zu halten übt. Erst bei der letzten Übung kommt eine zusätzliche Komponente ins Spiel: Der Ball. Da dieser um den Rumpf bewegt werden muss, bewegt sich sein Körper automatisch in verschiedene Richtungen. Daher muss hier sein Standbein noch stärker auf das Gleichgewicht achten. Da mein Klient auch als Torwart positioniert wird, wird diese Übung eine zusätzliche Steigerung seiner Leistungsfähigkeit sein, da er den Ball halten muss während er sich einbeinig bewegt, um den Ball zu halten und so seinen Schwerpunkt verlagern muss.

5 Literaturrecherche

Tab. 11: Effekte des Dehnens auf die Bewegungsreichweite bzw. auf die Dehnungsspannung (eigene Darstellung)

Studie 1		Studie 2
Marschall Franz	Wer hat die Studie durchgeführt?	Chagas M. H. und Schmidtbleicher D.
1999	In welchem Jahr wurden die Studien publiziert?	2000
9 Frauen und 12 Männer im Alter von 24,8 +/- 3,4 Jahren	Mit welchen Versuchspersonen wurden die Studien durchgeführt?	25 Personen, davon dienten 11 als Kontrollgruppe. Es gibt keine Altersangaben.
Alle Frauen und Männer trainierten ein Bein bis zur Schmerzgrenze. Das Andere wurde submaximal trainiert. Auf einem von Ott- und Schönthaler-Messtisch wurde die Untersuchung durchgeführt. Hierbei wurden das Gegenbein und die Wirbelsäule fixiert. Zudem ist die Drehachse berücksichtigt worden. Die Dehnposition wurde über eine elektronische Steuerung eingenommen. Über einen Drehimpulsdreher erfolgte die Winkelmessung. Die Probanden wärmten sich mit einem Fahrradergometer und anschließend mit einer standardisierten Kniegelenkbeugung auf. Danach wurde mittels Pre-Test die maximale Dehnungsweite erfasst. Diese Prozedur wurde – ohne Pause	Wie sah der Versuchsaufbau der Studien aus?

Wie sah der Versuchsaufbau der Studien aus? | Es gab eine Experimentalgruppe und eine Kontrollgruppe. Die Personen der Experimentalgruppe trainierten zwei Mal pro Woche für sechs Wochen. Die ischiocrurale Muskulatur des einen Beines wurde nach der passiv-statischen Methode trainiert. Das andere Bein wurde mit der „contract-release" Technik trainiert. Es wurden drei Serien á vier Wiederholungen mit maximaler Dehnintensität über 15 Sekunden trainiert. Eine Pause pro Serie lag bei zwei Minuten. Eine isometrische Kontraktion über drei bis vier Sekunden wurde bei dem aktiven Teil der „contract-release" Technik erzeugt. Die Werte der letzten Serie (1, 3, 6, 9, 12) dienten zur Analyse der Be- |

-15 Mal aus der Neutral-0°-Position des Hüftgelenks bis zur jeweiligen von der Versuchsperson bestimmten Grenze wiederholt. Mit einer weiteren Erfassung der maximalen Dehnungsweite schloss der Untersuchungstermin ab.		wegungsamplitude und Dehnspannung. Es wurde auch eine isometrische Kraftmessung bei 50% und 90% der im Pre-Test ermittelten Bewegungsamplitude durchgeführt.
Kurzfristig führten beide intensitätsstufen zu einer Verbesserung der maximalen Bewegungsreichweite. Der Unterschied von Vor- und Nachtest betrug 7,24 +/- 4,19° bei maximaler und 3,29 +/- 4,53° bei submaximaler Intensität. Die Verbesserung der Bewegungsreichweite bei maximaler Intensität liegt möglicherweise an dem tendomuskulären System, denn Sehnen und Bänder passen sich bei Beanspruchung an. Um einen deutlichen Nachweis zu erbringen, müssen jedoch weitere Untersuchungen durchgeführt werden.	Welche relevanten Ergebnisse und Schlussfolgerungen lieferten die Studien?	Beide Gruppen haben ihre Bewegungsamplitude um 31,9% gesteigert. Dies zeigt uns, dass kein Unterschied der Dehntechniken vorhanden ist. Auch beim Nachtest war kein Unterschied zu erkennen. Dennoch wurde bei der „contract-release" Technik eine höhere positive Wirkung auf die Dehnspannung ersichtlich als bei der passiv-statischen Technik. Es konnte auch keine wesentliche Veränderung der Maximalkraft nachgewiesen werden.

6 Literaturverzeichnis

Arbeitsmedizinisch-Sicherheitstechnischer Dienst (Hrsg.) (2014). Betriebsärztlicher Gesundheitsbericht für Fliesenleger. Zugriff am 10.10.2015. Verfügbar unter http://www.bgbau.de/asd_der_bgbau/downloads/fliesenleger

Chagas, M. H. & Schmidtbleicher D. (2000). Auswirkungen von Beweglichkeitstraining auf die muskuläre Leistungsfähigkeit. *Jahrbuch, Bundesinstitut für Sportwissenschaft.* Zugriff am 11.10.2015. Verfügbar unter http://www.bisp.de/SharedDocs/Downloads/Publikationen/Jahrbuch/Jb_2000_Artikel/Chagas.pdf?_blob=publicationFile

Knebel, P. *Wie verbessert man die Beweglichkeit.* Zugriff am 09.10.2015. Verfügbar unter http://www.supercoach.de/beweglich.pdf

Marschall, F. (1999). Wie beeinflussen unterschiedliche Dehnintensitäten kurzfristig die Veränderung der Bewegungsreichweite? *Deutsche Zeitschrift für Sportmedizin,* 50 (1), 5-9.

Schäfer, M. (2013). *Dehnen beim Muskelaufbau - Teil 2: Dehnungsmethoden.* Zugriff am 08.10.2015. Verfügbar unter http://hanteltraining.me/2013/09/22/dehnen-beim-muskelaufbau-teil-2-dehnungsmethoden/

Schnurr, S. (2005). *Kraft und Beweglichkeit im Ausdauersport. Leistungssteigerung durch funktionelles Training* (1. Aufl.). Norderstedt: Books on Demand GmbH

Weineck, J. (2004). *Optimales Training. Leistungsphysiologische Trainingslehre unter besonderer Berücksichtigung des Kinder- und Jugendtrainings* (14. Aufl.). Balingen: Spitta Verlag GmbH & Co. KG

7 Tabellenverzeichnis